Para Trillar Caminos

AGENDA

2017

Benjamín García

Para Trillar Caminos®
AGENDA 2017
Producida y Editada por
Benjamín García

ISBN-13: 978-1539144717
ISBN-10: 1539144712

Caricatura del autor **Milito Peralta**
Villabega Proyecto Editorial
New York, EEUU

Gracias infinitas a **Nancy Mejías, Fausto Ortiz, Edwin Domínguez, AngyLife, Loreley Pérez, César Sánchez Beras, José Acosta, Yini Rodríguez, Omira Bellizzio, Norma Feliz, Isaías Amaro, Mariano García, Milito Peralta...** *por permitirme compartir sus talentos con los usuarios-lectores de mi agenda. Por la generosidad de su gesto. A* **Miguel Aníbal Perdomo** *por las oportunas correcciones. Ellos también son parte de este proyecto que procura hacer un aporte al rescate de los sueños y la ternura.*

Para
Gabriela y Camila
Para
Camila y Gabriela

Un brindis por la vida para construir el presente
sin temor al futuro

Palabras para el inicio

Sin darnos cuenta, llevados por las
circunstancias quizás, insistimos en revivir
cadáveres cuando la tarea ha de ser
aprovechar su abono con el propósito de
hacer parir madrigales nuevos.

Un masaje a la vida

Texto de **"La palabra cuenta"**

Resulta que a veces nos da con maltratar la vida de mil maneras. Apurando lo imposible, remendando lo inservible, vertiendo líquido en vasija rota, añorando lo irreconciliable, insistiendo sobre caminos desandados, empleando riquezas en lugares de carencias irremediables, bautizando cabezas de rocas.

Y así, gastando el alma en pasiones ya muertas, semillas en terrenos infértiles, apostando a números en loterías quebradas, haciendo ruido en mundos de sordos, colocando publicidad en medios sin público, generando batallas contra molinos anclados donde el tiempo se detuvo.

Sin darnos cuenta, llevados por las circunstancias quizás, insistimos en revivir cadáveres cuando la tarea ha de ser aprovechar su abono con el propósito de hacer parir madrigales nuevos; Componer canciones sobre melodías inéditas y abrir cuentas para capitalizar los sueños imperecederos.

Usar el aceite adecuado en aquellas lámparas dispuestas a alumbrar sin importar el desgaste; regar las semillas con auténtica vocación de planta, invertir el tiempo en lo trascendente, utilizar el mejor agregado en las cimientes de edificios con ventanas al cielo y puertas transparentes.

La vida también necesita, demanda caricias, masajes revitalizadores, cuidados, mimos, incluso la vida también demanda olvidos. Sin apuros, sin mediar en venganzas baratas. Hacer profilaxis de lo inservible. Es poco el tiempo para dedicarlo a la pena y sus sinsabores. Poco duradera la estancia para sentarnos a contemplar el paso del tiempo en muebles desvencijados.

Apurar la marcha con fe mientras abandonamos los libros ya leídos, las canciones escuchadas, las fotografías amarillas y los recortes del periódico anunciando felicidades pasadas. La vida demanda halagos mientras te invita con apuro a echar en la cesta los despojos del desamor. Dejar ir por el acantilado los restos de fragancias rancias.

Evitar el encuentro con lo desconocido no te libera de peligros. Puedes hacer esfuerzos para sortear los baches de las calzadas pero es casi seguro que alguno te encuentre desprevenido y quizás sea el más profundo. Puedes evitar el dolor, huir a las desventuras y sus lágrimas, pero nada pone más cerca la redención.

No ha de importar cuando de pronto nos veamos en la necesidad de cambiar de ruta, de tomar un tren distinto al planeado o abordar otro vuelo. La vida no es llegar, es ir. El final del camino en este plano terrenal es único, nada lo hará cambiar, por eso, lo más importante es el trayecto y hemos de recorrerlo, en la medida de lo posible, ligeros de equipajes.

Vaciar los bolsillos en cada estación para hacer espacio para otras maravillas dispuestas en el camino. Ándale, da vuelta a la página o tira el libro en el canasto del olvido. Borra los archivos arruinados y empieza a dar caricias a la vida. Y ten presente la máxima que "vivir es mejor que recordar". No te arrepentirás.

Vaciar los bolsillos en cada estación para hacer espacio a otras maravillas dispuestas en el camino.

QUIÉN SOY

Vivo en...
Mi teléfono es...
Me escriben a (Email)...
Trabajo en...
Que queda...
Mi teléfono allá es...   Y el fax
Me la busco...
Y estudio...

MÁS DE MI

Disfruto
Me gozo
Mi mayor fantasía
Sufro de
Sufro con
Con Dios estoy
Me encanta
Me trae loco(a)
Bailo-Como-Bebo

ENERO

D	L	M	MI	J	V	S
1	2	3	4	5	6	7
8	9	10	11	12	13	14
15	16	17	18	19	20	21
22	23	24	25	26	27	28
29	30	31				

FEBRERO

D	L	M	MI	J	V	S
			1	2	3	4
5	6	7	8	9	10	11
12	13	14	15	16	17	18
19	20	21	22	23	24	25
26	27	28				

MARZO

D	L	M	MI	J	V	S
1	2	3	1	2	3	4
5	6	7	8	9	10	11
12	13	14	15	16	17	18
19	20	21	22	23	24	25
26	27	28	29	30	31	

ABRIL

D	L	M	MI	J	V	S
						1
2	3	4	5	6	7	8
9	10	11	12	13	14	15
16	17	18	19	20	21	22
23/30	24	25	26	27	28	29

MAYO

D	L	M	MI	J	V	S
	1	2	3	4	5	6
7	8	9	10	11	12	13
14	15	16	17	18	19	20
21	22	23	24	25	26	27
28	29	30	31			

JUNIO

D	L	M	MI	J	V	S
				1	2	3
4	5	6	7	8	9	10
11	12	13	14	15	16	17
18	19	20	21	22	23	24
25	26	27	28	29	30	

JULIO

D	L	M	MI	J	V	S
						1
2	3	4	5	6	7	8
9	10	11	12	13	14	15
16	17	18	19	20	21	22
23/30	24/31	25	25	27	28	29

AGOSTO

D	L	M	MI	J	V	S
		1	2	3	4	5
6	7	8	9	10	11	12
13	14	15	16	17	18	19
20	21	22	23	24	24	26
27	28	29	30	31		

SEPTIEMBRE

D	L	M	MI	J	V	S
					1	2
3	4	5	6	7	8	9
10	11	12	13	14	15	16
17	18	19	20	21	22	23
24	25	26	27	28	20	30

OCTUBRE

D	L	M	MI	J	V	S
1	2	3	4	5	6	7
8	9	10	11	12	13	14
15	16	17	18	19	20	21
22	23	24	25	26	27	28
29	30	31				

NOVIEMBRE

D	L	M	MI	J	V	S
			1	2	3	4
5	6	7	8	9	10	11
12	13	14	15	16	17	18
19	20	21	22	23	24	25
26	27	28	29	30		

DICIEMBRE

D	L	M	MI	J	V	S
					1	2
3	4	5	6	7	8	9
10	11	12	13	14	15	16
17	18	19	20	21	22	23
24/31	25	26	27	28	29	30

Calendario 2017

Empezando por decir

Ya hace veintidós años y me parece un instante. Es el tiempo transcurrido desde diciembre de mil novecientos noventa y cuatro cuando publicamos por primera vez la agenda Para Trillar Caminos, correspondiente al mil novecientos noventa y cinco.

La seguimos publicando, con una interrupción, hasta el año dos mil uno y luego hicimos una especial para el dos mil siete.

Diez años después y en el ánimo de retomar el proyecto, vuelvo a mis andanzas, a trillar este camino cargado de frases estimulantes, tentadoras imágenes, graciosas viñetas y textos provocadores. Esta vez con un formato nuevo, un poco más grande y con las páginas un tanto más sobrias.

La agenda ofrece, porque para eso son las agendas, un espacio particular para planificar la vida y desde allí revelar los sueños y las pasiones.

El tránsito por la vida cuando es intenso y parece corto, mucho más cuando haces las cosas que amas de corazón.

Al final, queda recoger la luna y llenar de estrellas los bolsillos, convirtiéndonos en seres de luz y rodar por la vida, como el Rey Midas, llenando de brillo todo cuanto se toca.

Cada año nuevo es una empresa a la que hay que abordar con coraje, firmeza y decisión. Con entusiasmo permanente.

Esta agenda pretende ayudar en la construcción de ese espacio vital donde sólo habita la ternura y los sueños se construyen libremente; aquel lugar donde las emociones no se engavetan y las ilusiones surgen al momento de nacer día.

SOS

Policía	
Bomberos	
Farmacia	
Hospital	
Médico personal	
Escuela	
Vecino (a)	
Pediatra	
Radio noticiero	
Electricista	

SOS personal

Mi general	
Mi bufón	
Mi estúpida debilidad	
Mi curita	
Mi cuenta secreta	
Donde siempre vuelvo	

Ir por la vida trillando caminos, construyendo puentes, sumando peldaños, agregando latidos nuevos a tu pecho. Caminar descalzo evitando que nos alcance la sombra. Acertar en cada mirada por furtiva que sea, como una forma de adivinarse en el futuro. Somos una historia construida día a día, verso a verso como dijo el poeta, beso a beso... Aquí estoy con un corazón incesante que no se cansa de vibrar ni de soñar, que busca cada mañana aportar razones y certezas para seguir viviendo, con pasión...

Foto: Edwin Domínguez

El río crea,
Tiene el poder de construir
Su propio camino con la fuerza
Viva de su corazón de agua.
No para de crecer,
Y su muerte tiene la virtud
De servir de alimento al mar.
Hermosa manera de morir.

Mis Propósitos

Mis anhelos

Mis sueños

Mi más firme convicción

Pasos de vida

Paso 1ero.

Tomar de la mano los sueños, transitar con ellos la ruta del deber y el gozo. Construir con su esencia los puentes que conducen al porvenir anhelado. Dejar, tras su conquista, jirones de piel si es necesario... y verte, desde el momento mismo en que decides construir tu vida desde los sueños, alcanzar los pináculos de la gloria, en las alas de algún ángel con alma de mortal...

Paso 2do.

Establecer objetivos claros. Aferrarse a una razón de vida que impulse la lucha por conquistarlos. Tener definidas la ruta y la meta. Poner a prueba la capacidad para superar los obstáculos. Delinear con precisión de relojero los planos que servirán de soporte al proyecto. Entonces poner el corazón en las manos, inyectarle pasión y coraje. Y sobre todo amar... amar con tanta fuerza que no haya tormenta en capacidad de separarte del camino...

Paso 3ero.

Abrir las ventanas y lanzar al viento los temores. Sacar de los rincones los harapos acumulados por las dudas y los sinsentido. Desempolvar los diarios donde guardas los capítulos de las historias más difíciles... quemar las páginas de las indecisiones y los desatinos. Dar un clic en ese archivo incómodo, lleno de ilusiones inútiles y enviarlo a la bandeja de desechos y una vez allí, incinerarle. Entonces dejar listo los salones para poder empezar a respirar con nuevos alientos...

Paso 4to.

Creer en ti, confiar en la capacidad para hacer aportes significativos a la humanidad. Potenciar tus virtudes y capacidades. Enfocar tu accionar en las actividades propias de tu competencia, donde te sientas como pez en el agua. Ignorar, sin faltar a las responsabilidades, los gritos desesperados de cuanto quieras apartarte de la ruta elegida. Solo tú sabes hacia donde dirige tus pasos, cuál es la cima que quieres alcanzar... El porvenir está en tus manos cuando explota al máximo tus talentos...

Paso 5to.

Despojar los baúles del alma del peso excesivo del orgullo, la vanidad, la prepotencia, el rencor, la rabia. Aligerar la carga acumulada en las pequeñas derrotas y sustituirla por la energía producida en las grandes victorias. Mantener vivo el recuerdo de las sonrisas ganadas y los placeres compartidos, del gozo de la entrega cuando ha sido por amor. Hacer antología de los pequeños detalles generadores de intensos recuerdos. Convertir en lluvia viva el agua estancada y por encima de todo ser feliz.

I

*Como si fuera una fiesta,
reinventemos la vida para
construir un mundo
donde lo único irremediable
sea el amor...*

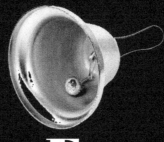

Enero

No debes temer a la sombra
si en el giro de cada esfera
te espera la luz...

_____

_____

_____

_____

_____

_____

_____

_____

_____

_____

_____

_____

_____

PRIORIDADES DEL MES

A tu vida va llegando gente, las mayoría pasa sin apenas dejar huellas, y esto por objetivos y visiones distantes, y las rutas no son ni acaso parecidas.

De pronto, alguien llega y se fija de manera poderosa, pero igual termina yéndose porque la relación era más verbo que sustantivo o viceversa ¡que ironías tiene la vida!

Porque se mal interpretan acciones o en un arrebato depositas la confianza en quien menos debiste y se produce el desgaste.

Entonces debes conformarte con el recuerdo lejano de tardes felices, de alegrías por lunas compartidas.

Se aprende a decir adiós con los años, cuando la vida te hace consciente del carácter efímero de las cosas, de la imposibilidad de hacer eterno aquello que vino para irse en el próximo tren.

Y debes aprender de los momentos de excitación, positiva o negativa. Estos no son buenos para tomar decisiones, menos para disponer de todo el capital sin análisis de rentabilidad.

Porque el horizonte no acaba y la vida inicia cada instante, debes alejarte sin lamento, sin llantos ni culpas, porque del desamor, como del amor nadie es culpable.

Enero

Domingo 1
Año nuevo

*Te voy a dejar de amar
el día en que un pintor
dibuje el sonido de
una lágrima...*

I

Lunes 2

_____
_____
_____
_____
_____
_____
_____
_____
_____
_____

Martes 3

_____
_____
_____
_____
_____
_____
_____
_____
_____
_____
_____

Aun cuando alguien camine de la mano contigo, trata de mirar siempre al horizonte…

Enero

Miércoles 4

Jueves 5

La pena no es una etiqueta que se arranca…

Viernes 6
Santos Reyes

Sábado 7

Una sonrisa es capaz de ganarle una batalla a la duda…

Los muros dicen

Bendito el que pasa
y deja huellas,
aun sea un dolor...

Lunes 9

Martes 10

La puerta mejor cerrada es aquella que puede dejarse abierta.
Proverbio chino

Cuando saltes de alegría, cuida de que nadie te quite la tierra debajo de los pies...

Viernes 13

Sábado 14

A veces un cambio de cadenas nos hace libres...

Enero

Domingo 15

"Apostar a la vida
sin temor a sus consecuencias..."
Repetirlo como impulso matinal en esta
semana que se vislumbra
particularmente provocadora...
únete al coro sin importar
el ángel que desafine o
la Virgen llena de pecado que hace feliz
a más de un mortal aun sea llevándole
el alma a la hoguera...
Ve por lo que te toca, pero sobre todo
por aquello que amas.
Si en la lucha debes dejar jirones de piel,
sentirás al final que habrá valido la pena...

I

Lunes 16
Martin Luther King Jr

_____
_____
_____
_____
_____
_____
_____
_____
_____
_____

Martes 17

_____
_____
_____
_____
_____
_____
_____
_____
_____
_____
_____

Ante alguien que esperas conquistar y no te aceptas, muéstrate de tal manera que conozca el valor de lo que pierde…

Enero

Miércoles 18

Jueves 19
Día mundial de la nieve

"Cada lágrima enseña al hombre una verdad"...

I

Viernes 20

_____
_____
_____
_____
_____
_____
_____
_____
_____

Sábado 21

_____
_____
_____
_____
_____
_____
_____
_____
_____
_____

A pesar de la soberbia y el agravio en su contra, la tierra siempre ofrece flores como recompensa…

Tatuajes para el alma

SE ME APAGÓ
TU NOMBRE
JUSTO AL MOMENTO
DE ENCENDER LA HOGUERA

I

Lunes 23

Martes 24

El derecho a corregir lo gana quien ama de verdad... **Inspirado en Tagore**

Enero

Miércoles 25

Jueves 26

El corazón ha de llenarse de sensaciones, emociones, buenas o malas. Lo que el corazón no tolera es el vacío...

I

Viernes 27

_____

_____

_____

_____

_____

_____

_____

_____

_____

_____

Sábado 28

_____

_____

_____

_____

_____

_____

_____

_____

_____

_____

_____

A veces el camino tras la conquista de los sueños es más alegre que la conquista en sí mismo...

EL SONIDO DE LAS HOJAS

BENJAMÍN GARCÍA

El sonido de las hojas
provocó una agitación de estrellas rotas.
Tu cuerpo templado sobre la piel del río, invadía el
recodo donde la luna vino a posar su cabellera.
Hice una almohada a tu nombre…
Allí permanecieron tus sueños junto al gemido que
confundí con la aurora.
Me dejaste escuchar el corazón del agua
cuando invadía el tuyo,
las confesiones de los peces jugando a las
escondidas en la sabana de piedra y arena de su
orilla.

¿Crees que podamos tocar el fondo?
Pregunté sin separar tu cara de la duda.
Anda, antes que dejen de cantar las hojas.

Lunes 30

Martes 31

La sonrisa es una manifestación de los labios cuando los ojos encuentran lo que buscan...

II

*Vuela llenando de colores
la madrugada y el trillo,
vuela hasta mi nido con
mirada impetuosa,
vuela discreta
trasformando su propio
brillo,
vuela y se hace
imperecedera, vuela
mariposa.*

Febrero

El desafío de transformarnos

De pronto nos vemos transitando el camino de la duda, la vacilación o el dolor. Es el momento de asumir el ejemplo de la mariposa, que de gusano rastrero y repugnante se convierte en noble criatura que vuela llenando de colores su espacio.

Estamos llamados a la trascendencia, a romper la coraza con coraje, sacudirnos el polvo y empezar a vibrar para poder brillar, para alcanzar los pináculos de la verdad y el gozo. Para volar libres de aprensión, sobre valles, montañas, mares, desiertos. Pasar, de ser laguna a río caudaloso cuyo tránsito llena de vida cuanto toca.

Estamos llamados a volver a ser, volver a nacer desde la misma soledad del silencio. Roto el capullo, nuestra música se desparrama milagrosa inundando de colores las praderas. Y en la medida que nos transformamos, llenamos de luz el universo.

PRIORIDADES DEL MES

El fuego de la Patria

*Cuando el artista es capaz de descubrir en el fuego el alma de la patria que brota de la esencia misma del pueblo... mágico instante... Gracias a **Isaías Amaro** por esta imagen.*

Febrero

Miércoles 1

Jueves 2

La sonrisa será siempre el vestido de toda esperanza...

II

Viernes 3

_____
_____
_____
_____
_____
_____
_____
_____
_____

Sábado 4

_____
_____
_____
_____
_____
_____
_____
_____
_____
_____

Cuando me falte la palabra, andaré desnudo para que la piel hable con tus huellas…

Cosas de las redes

 Benjamín García
@Benjagaca

Salté del tablero y olvidé si estaba previsto participar en la próxima jugada...

II

Lunes 6

Martes 7

Cuando se cree de corazón, nada logra mudar tu certeza...

Febrero

Miércoles 8

Jueves 9

Como la historia es tan larga, nada ni nadie es definitivo en nuestra presencia...

II

Viernes 10

Sábado 11
Día Internacional de Internet Seguro

Dos muletas nos permiten avanzar mas fácilmente: el olvido y la esperanza.

Febrero

Domingo 12
Día Mundial del Soltero / Día Mundial de la Radio

*Provocar la soledad
es una arriesgada manera
de mandar a dormir el sol
antes de la llegada
de la noche...*

II

Lunes 13

Martes 14
Día del Amor y la Amistad (San Valentín)

Más vale ser un cobarde un minuto que muerto el resto de la vida.
Proverbio irlandés

Febrero

Miércoles 15

Jueves 16

No hay que confiar en el que mucho dice... ni del que mucho calla...

II

Viernes 17

_____
_____
_____
_____
_____
_____
_____
_____
_____
_____

Sábado 18

_____
_____
_____
_____
_____
_____
_____
_____
_____
_____

Por grande que sea, no debemos jamás vender nuestro patrimonio al triste precio de la necesidad...

Febrero

Domingo 19

Los muros dicen

Cuando el pecado es contigo, es una virtud...

II

Lunes 20
Día Mundial de la Justicia Social / Washington's Birthday

Martes 21

Lo único que en la vida vale la pena tomarse en serio es la risa...

Febrero

Miércoles 22

Jueves 23

¿Te has visto buscando tus lentes que están en la punta de la nariz, o la llave que sigue en tu bolsillo, o el lápiz en tu oreja?... Así a veces te comportas con la felicidad...

II

Viernes 24

_____
_____
_____
_____
_____
_____
_____
_____
_____
_____

Sábado 25

_____
_____
_____
_____
_____
_____
_____
_____
_____
_____

He aprendido que estar con aquello que me gusta es suficiente.
Walt Whitman

Febrero

Domingo 26

Cuando logro calmarme, entiendo.
Cuando puedo esperar, las cosas llegan.
Si sonrío, me hablan más lindo.
Si me relajo, las cosas se acomodan.
Si puedo respirar pausado,
no tengo tanto miedo.
Si me cruzo de vereda,
lo que me daba rabia, me da ternura.
Cuando no reclamo, gano.
Cuando entiendo que confiar es no saber,
confío.
Así estoy aprendiendo tanto...
Cómo después de la tormenta
hay que ordenar nuestro propio caos,
para volver a empezar.

Loreley Pérez

II

Lunes 27

Martes 28

Un experto es alguien que te explica algo sencillo de forma confusa, de tal manera que te hace pensar que la confusión sea culpa tuya. **Willaim Castle**

III

El teatro es una actividad que quema. Despierta pasiones. Te induce al desasosiego. Es de esos amores que atormentan. Prometes abandonarlo, mas, nunca en el momento, sino después del beso que falta o la última entrega prometida. Y terminas posponiendo tu renuncia, ¡aunque te cueste la vida!

Marzo

Vamos a romper las barreras del miedo. A derribar los muros que impiden mirar las promesas del horizonte. Las cadenas que imposibilitan caminar ligero hacia la consecución de tus sueños.

Vamos a volar por encima de las montañas para descubrir el mar abierto con sus ofertas de libertad.

Vamos a desatar la pasión de los montes para abrir a través de ellos caminos que den acceso a tus más anheladas aspiraciones.

Vamos, sin pensar en consecuencias, buscando ser feliz con aquello que ha señalado el corazón.

Vamos, busca renacer desde las posibilidades que ofrece ser tú mismo...

PRIORIDADES DEL MES

I

Cuando descubrí mi sombra,
Dejé de caminar a solas.
Me aventuré en una travesía
Para entretener mi ser.

II

El sol se pierde en el horizonte.
El tic tac del tiempo a mi favor.
Escalofríos sacuden mi cuerpo.
Eros aún conserva mi aroma.
Espacios marcados por gruesas gotas de
lluvias…

III

Caminando mis rutas
Voy trazando mi sino
Y en mis sueños transporto
Un rosario de amigos.

Yini Rodríguez

Miércoles 1

Jueves 2

A fin de cuentas, todo es un chiste.
Charles Chaplin

III

Viernes 3

Sábado 4

¡Oh lunes, tan lejos del viernes! ¡Oh viernes tan cerca del lunes!
Del muro de Angylife (México)

Tatuajes para el alma

SI NO ME DESNUDO
NO PODRÉ
CEÑIR TU ROPA...

III

Lunes 6

Martes 7

¿Cuál será mas de culpar? Aunque cualquiera mal haga ¿La que peca por la paga
o el que paga por pecar? **Sor Juana Inés de la cruz**

Marzo

Miércoles 8
Día Internacional de la Mujer

Jueves 9

Cualquiera que se tome demasiado en serio corre el riesgo de parecer ridículo. No ocurre lo mismo con quien siempre es capaz de reírse de sí mismo. **Václav Havel**

III

Viernes 10

Sábado 11

Si exagerásemos nuestras alegrías como lo hacemos con nuestras penas, nuestros problemas perderían su importancia. **Anatole France**

FORMAS DEL AZAR

JOSÉ ACOSTA

No hubiera sido necesario
que naciera la rosa para creerla.
Ni que asomara su cabeza encendida
por algún espacio del mundo.
Aunque no hubiera llegado nunca,
algo, quizás una piedra, tendría
el nombre de rosa para crear el enigma
de su inexistencia.
Y estoy seguro que alguien
pintaría su forma metafísica
como algo nuevo, y así poseería
la eternidad misteriosa de las cosas
creadas sin haber nacido.

III

Lunes 13

Martes 14

Tres muchos y tres pocos, vuelven a los hombres locos: mucho gastar y poco tener, mucho hablar y poco saber, mucho presumir y poco valer. **Proverbio español**

Marzo

Miércoles 15
Día Mundial de los derechos del consumidor

Jueves 16

Inteligencia militar son dos términos contradictorios. **Groucho Marx**

Viernes 17

Sábado 18

Lo único que le debe frenar a Dios para que no envíe otra gran inundación es que la primera no ha dado el más mínimo resultado. **Nicholas Chamfort**

Marzo

Cosas de las redes

 Benjamín García
@Benjagaca

Siempre y cuando quieras ser parte de este despertar, te convocaré a ser parte de mis sueños...

III

Lunes 20
Día Mundial del Sueño / Día Mundial de la Felicidad

Martes 21
Día Mundial del árbol / Día Mundial de la Poesía

Solo es útil el conocimiento que nos hace mejores.

Sócrates

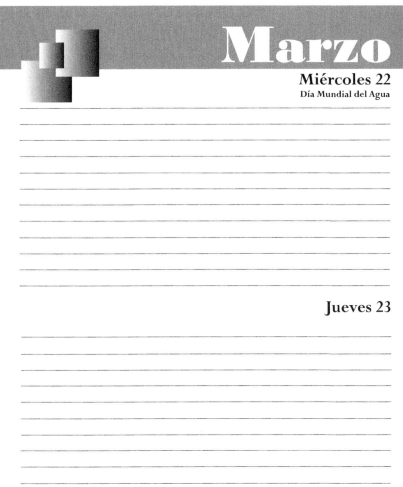

Marzo

Miércoles 22
Día Mundial del Agua

Jueves 23

Nadie tiene el valor de resistir la fuerza de una sonrisa...

III

Viernes 24

Sábado 25

El "poder" no crea los vicios, se limita a ponerlos en evidencia.
Parodiando a Séneca.

Marzo

Domingo 26

*Hay cosas en la vida
que tienen el valor
de la pelota en el juego:
a veces para ganar,
hay que aprender a soltarlas...*

III

Lunes 27
Día Mundial del Teatro

Martes 28

Muchos se pierden las pequeñas alegrías a espera de la gran felicidad.
Parodiando a Pearl S. Buck

Marzo

Miércoles 29

Jueves 30

El amor es como el fuego, que si no se comunica se apaga.
Giovanni Papini

III

Los muros dicen

Si lo haces con el alma en las manos, verás la gloria...

IV

La lectura es una danza entre dos pensamientos al ritmo de miles de ideas que no son necesariamente coincidentes, pero que buscan ajustarse para concebir en armonía el fruto de la sabiduría.

Abril

PHOTOGRAPHY BY POETIC SILENCE

Nancy Mejías

Es una artista que para suerte del propio arte empieza a tomar conciencia de su condición. Gracias por aportar su talento a nuestra agenda con fotografías y textos. Les invitamos a seguirla en las redes

@poeticsilence__

_____

_____

_____

_____

_____

_____

_____

_____

_____

_____

_____

_____

_____

_____

_____

_____

PRIORIDADES DEL MES

Mis amigos me pedían cambiar, mi mujer en su orden, mis hijos en sus sueños, el perro del barrio cuando caminaba sigiloso; el motoconcho de la esquina con su calma, la rubia del bar mientras tragaba en seco, el agua del mar en su constante ir y venir; la sombra del laurel imponente, el grillo y el canario al cantar en el amanecer; el pez cuando brincaba y saltaba el bote... Confieso que hasta yo alguna vez lo hice casi en estado de desesperación.

Alguien llamó al oído con un rezo casi imperceptible y acurrucado en su fuente, olvidé las razones por las cuales me pedían y me pedía cambiar. Ya nadie más lo pidió.

Y entonces se hizo el milagro... Cambié.

Sábado 1
Día Internacional de la Diversión en el Trabajo

Manso rubor de mañana santificada

Volver a santificar tus colinas
como hace la aurora con la hierba...
Caminar descalzo los escondrijos
de tu cuerpo desnudo
sin otro propósito que volver
a descubrir sus madrigueras...
La mañana hereda la humedad del alba,
el cosquilleo de las rosas denudas,
la orfandad de los naranjos,
la solemne ceremonia de los vientos
llenando las copas de los árboles del licor sagrado de tus besos...
Yo me descubro como águila errante
sobre tu pecho buscando vencer su soledad...
Una pregunta:
¿era tuyo el aroma o fue solo una escaramuza de mis instintos?

IV

Tatuajes para el alma

MIS ALAS
CRECEN CON
TU VUELO...

Abril

Lunes 3

Martes 4

La huida no ha llevado a nadie a ningún sitio.

Antoine De Saint Exupéry

IV

Miércoles 5

Jueves 6

El que pregunta con mala intención no merece conocer la verdad.
San Ambrosio

Abril

Viernes 7
Día Mundial de la Salud

Sábado 8
Día Internacional del Pueblo Gitano

La venganza conserva frescas tus heridas…
Parafraseando a Francis Bacon

Anda
Apóyate en mi hombro
Olvida las palabras
Y cuéntamelo todo
Con tus lágrimas

Ya en el prado tranquilo
Danzaremos con verdes mariposas
Sin cazarlas

Después habrá que despedirse
Pero mira bien a mis ojos
Que en ellos está escrito
"Puedes volver a mi mesa
Cuando quieras".

ANDA

TULIO CORDERO

Abril

Martes 11

El victorioso tiene muchos amigos; el vencido, buenos amigos.
Proverbio mongol

IV

Miércoles 12

Jueves 13
Día Internacional del Beso

No es que sea complicado, es que siempre aparece el genio que lo complica...

Abril

Viernes 14
Día de las Américas

Sábado 15

Hay cosas… que, cuanto más se procura olvidarlas, más se fijan. Como esas manchas que el quitamanchas inadecuado agranda. **Antonio Gala**

IV

Cosas de las redes

Benjamín García
@Benjagaca

La gente muy práctica suele no aprender a mirar el alma. Esperan acción donde hace falta tan solo una palabra...

Abril

Lunes 17

Martes 18

"No soy un recuerdo, soy el recuerdo y esa es la pena, amén de tu nostalgia..."
#acertijo26

IV

Miércoles 19
Día Mundial de la Bicicleta

Jueves 20

"Un solo latido basta si es a cuenta de tu rosario, aunque a este hoy no le haya nacido un corazón..." **#acertijo52**

Abril

"Me siento un errante caminante cuando en tus ojos se dibuja el ocaso minutos antes del amanecer..." **#acertijo17**

IV

Domingo 23
Día Mundial del Libro y de los derechos de autor

Había esperado tanto
para mostrarse desnuda
ante su amante
que a la hora de hacerlo
ya su piel era de hilos...

Lunes 24

Martes 25

"Al borde del abismo de tu boca, vi perderse los besos que correspondían a la noche que dormimos al amparo de tu vientre..." **#acertijo37**

IV

Miércoles 26
Día Mundial de la Propiedad Intelectual

Jueves 27
Día Internacional del Diseño Gráfico

"Me mordí los labios para no tener que abrazarte en medio de la tormenta que nos dejó sin voz..." **#acertijo33**

Abril

Viernes 28

Sábado 29
Día Internacional de la Danza

"Ese grito insistente que invita a descomponer el tiempo, a perderse en sus notas, a decir mientras callamos..." #acertijo44

IV

Domingo 30
Día Internacional del Jazz

Los muros dicen

Te echaré de más
para que
me eches de menos

V

Mayo viene con flores y sabe a madres, a colores, a vida. Como la miran quienes con paleta en manos juegan a recrear los aromas de las cosas porque con su forma también dibujan su alma…

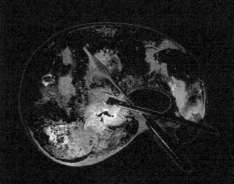

Mayo

Era tarde
para volver a empezar,
decidí
retornar al principio,
al propósito virgen,
a la nada, a la génesis,
para
descubrir de nuevo
el milagro.

PRIORIDADES DEL MES

El ruido intenso de la cotidianidad te distrae de lo esencial. Eso que habita dentro de ti.

A veces por temor de escuchar tus latidos internos, los llamados de tu conciencia, llenas tu vida de sonidos foráneos.

Debes aprender a liberarte del miedo a la soledad y buscar allí la conexión con lo trascendente.

Solo el silencio que ella brinda equilibra el espíritu y pone en actitud de vuelo el alma.

Encontrarte contigo mismo en los sonidos de la quietud es una íntima manera de renacer.

Foto: Nancy Mejías @poeticsilence

Mayo

Lunes 1

Día mundial del Trabajo / Día mundial de la Risa

Martes 2

La comodidad produce placer, el entusiasmo por hacer cuanto amas, la verdadera alegría...

V

Miércoles 3
Día Mundial de la Libertad de Prensa

Jueves 4

*"Vi la lluvia descender tu pecho. Humedecía tu vestido dejando descubierto ante
mis ojos la peligrosa armonía de tus curvas."* **#acertijo29**

Mayo

Viernes 5

Sábado 6

"Te voy a extrañar. Quedas anclada en mi noche con tu traje de sonrisa y la noticia nueva de cada vuelta tuya, pero sin queja." **#acertijo49**

V

Domingo 7

Cruzar el puente

*Un experimentado alpinista
decidió tomar un camino más corto
mientras escalaba la cordillera del Himalaya.
De pronto se vio ante un puente colgante en muy mal estado,
que salvaba un abismo impenetrable. Dudó cruzarlo.
Tardo más de una hora sin decidirse.
En eso apareció una anciana tibetana
con dos cubos de agua al cinto.
Con la paciencia de Job,
la anciana cruzó la destartalada estructura.
El alpinista sintió que aquel gesto lo retaba
y le siguió los pasos.
Así estamos a veces, dudosos ante las situaciones difíciles,
sin darnos cuenta de que cuanto debemos hacer
es simplemente cruzar el puente
sin importar la carga ni las dificultades.*

Mayo

Lunes 8
Día Mundial de la Cruz Roja y de la Media Luna Roja

Martes 9

No te cases por el dinero; puedes conseguir un préstamo mas barato.
Proverbio escocés

V

Miércoles 10

Jueves 11

"En la estación mientras espero en el andén. En la estación mientras espero que florezcan. En la estación, mientras te espero." **#acertijo49**

Mayo

Viernes 12

Sábado 13

"Esperar con paciencia a la orilla del fuego, elimina las ganas de volver a sazonar los labios que ya no te volvieron a nombrar." **#acertijo22**

V

Día de las madres norteamericanas

Tatuajes para el alma

SI JUEGAS
CON EL CORAZÓN DE TODAS,
NO LLEGARÁS
AL ALMA DE NINGUNA...

Mayo

Lunes 15
Día Internacional de las Familias

Martes 16

La forma más tonta de rebatir una idea es descalificando a quien la sustenta...

V

Miércoles 17
Día de Internet / Día Mundial de las Telecomunicaciones

Jueves 18
Día Internacional de los Museos

Jamás vaya donde el vecino a reclamar que su desagüe de aguas negras está afectando tu patio tirando fango en el suyo...

Mayo

Viernes 19

Sábado 20

Apostar solo al futuro es perderse la oportunidad de vivir con intensidad el
presente, que a fin de cuentas es lo único cierto...

V

Domingo 21

Tus ojos
Han tomado por asalto mi estancia
Antes desolada
Llena de hierbas
Y mariposas marchitas.
Han penetrado
Las grietas
Que un golpe inmisericorde
Había dejado abiertas
Para siempre
Pensaba yo...
Estaban llenos de silencios
Y hojarascas de hielo y espuma
Dijiste presente en ellas
Con tu mirada, solo con tu mirada
Y despertó la lluvia...

BENJAMÍN GARCÍA

EL ASALTO DE TU MIRADA

Martes 23

A pesar del beso, la princesa no quiso despertar: estaba soñando con el amor de su vida.

V

_____
_____
_____
_____
_____
_____
_____
_____
_____
_____
_____

Jueves 25

_____
_____
_____
_____
_____
_____
_____
_____
_____
_____
_____

Si una palabra quema tu boca, déjala arder. **Proverbio persa**

Mayo

Viernes 26

Sábado 27

La imperfección no es el origen, es la excusa...

V

Cosas de las redes

 Benjamín García
@Benjagaca

Si no fuera por los atardeceres,
hasta el propio paisaje dejara
de cantar...

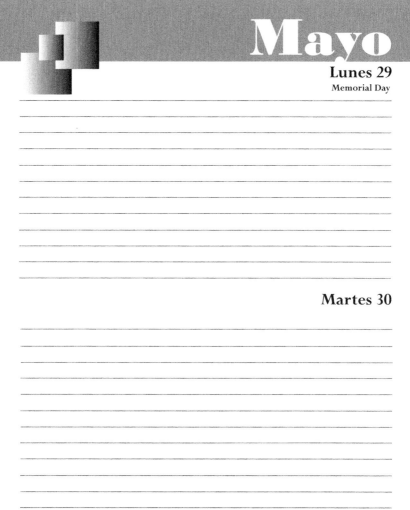

Mayo

Lunes 29
Memorial Day

Martes 30

En ocasiones... cuando la carencia separa, la abundancia desune...

Miércoles 31
Día Mundial sin Tabaco

Vendo corazón maltrecho
en buen estado.
Más que estrenado.
la Información
procurarla en mi pecho
donde también guardo
latidos de emergencia.

VI

Cada cuerda tiene un sonido distinto, un maestro con virtud para la armonía de allí saca las más hermosas melodías… y son sometidas a tensión para su afinación… Por tanto, si estás en manos del maestro, que no te importe cuando tus cuerdas sean tensadas… buscan con ello sacar de ti de los sonidos, el mejor.

Junio

El horizonte no acaba. Es aquel espejo luminoso donde se refleja el porvenir y hacia allá hemos de dirigirnos, entusiastas y convencidos de ser aquella la única posibilidad. El futuro es lo único cierto, el tránsito posible, la divina sensación de la esperanza, donde algo nos aguarda, un cambio, una sonrisa nueva, una fe aún sin marchitar. Sin embargo, a veces hay que detenerse y mirar atrás. Es posible encontrar respuestas en la telaraña del pasado para vengar el presente absurdo que construiste o simplemente celebrar la historia...

La Pasión por la Vida

_____

_____

_____

_____

_____

_____

_____

_____

_____

_____

_____

_____

_____

PRIORIDADES DEL MES

Foto: Fausto Ortiz

Los muros dicen

Despacio
para que no nos devore
la prisa...

VI

Viernes 2

Sábado 3

¿Será que a este tiempo le falta algo de tiempo?

Distracción virtual

Vas pidiendo a la vida
cascabeles de colores con sonido de ángeles.
Aletazos de arcoíris para poblar tu espacio de luces.
Sueñas y procuras con vehemente pasión
la lámpara de Aladino para frotarla a gusto y conveniencia.
Has solicitado ingreso a cuantos clubes de sonrisas
y fortunas existen en el universo y zonas cercanas.
Pediste semillas de geranios eternos,
sepas de orquídeas milenarias.
Has danzando en honor a los dioses
para que el amor definitivo se instale manso en tu alcoba,
ese que viste de paz tus huellas.
Una mañana han dispuesto tu mesa
con todo lo anhelado,
pero estabas distraído en el chat
y no te has dado cuenta...

VI

Lunes 5
Día Mundial del Medio Ambiente

Martes 6

El tiempo es enemigo de quien no alcanza a comprender su rápido proceder...

Junio

Miércoles 7

Jueves 8

Los corazones grandes se llenan con poco
Del muro de Angylife

VI

Viernes 9

Sábado 10

El tiempo agota gota a gota y él no se agota…

Junio

Domingo 11

Tatuajes para el alma

ESE SILENCIO CÓMPLICE
ES MÁS SALUDABLE
QUE UNA LARGA CONVERSACIÓN
SIN OBJETIVO...

VI

Lunes 12
Día Mundial contra el Trabajo Infantil

Martes 13

Al amor, como a una cerámica, cuando se rompe, aunque se reconstruya, se le conocen las cicatrices. **Proverbio griego**

Junio

Miércoles 14
Día Mundial del Donante de Sangre

Jueves 15

Los espíritus indomables hablan de soledad porque han aprendido a ser en ellas...

VI

Viernes 16

Sábado 17

Con tanta luna... No es posible esta soledad...

ESPEJO DE HUELLAS

BENJAMÍN GARCÍA

Un espejo cargado de huellas se levanta al borde del camino; vivas están las huellas y rotas, lo atraviesan, le muerden el fondo evitándole devolver lo que mira. Detengo el paso y me sube al rostro el resplandor de la duda.

Me entrego al silencio sobrecogedor desde donde mana brisa y un olvido. Únicamente escucho un estrépito de hojas buscando descubrirse en la transparencia de las grietas por donde quieren colarse y descubrir qué esconde aquella vasta sabana de agua y cristales dormidos.

Buscan las hojas, como yo, saber qué somos y nada más.

VI

Lunes 19

Martes 20

Solo la luna tiene más fuerza que el silencio de tu mirada cuando se anida en mi alma...

Junio

Miércoles 21

Jueves 22

Presiento que esa luna esconde algo... Quizás alguna canción no cantada, un
verso escrito a medias... Lo presiento

VI

Viernes 23

Sábado 24

Toda tu boca es poca para tantos besos que guardo en la despensa...

Junio

Cosas de las redes

 Benjamín García
@Benjagaca

Sucede que a veces, los sueños
nuestros se parecen tan poco a
las aspiraciones de los políticos...
#Joder

VI

Lunes 26

Martes 27

La gota buscaba una ruta para el delirio, pero quedó atrapada en el hielo…

Junio

Miércoles 28
Día Mundial del Árbol

Jueves 29

Si no estás dispuesto a hacer concesiones, no hables de amor...

VI

Viernes 30

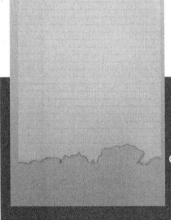

El libro,
cansado de sus palabras,
desafió la memoria
del escritor...

Trillo

Escribe en su corazón lo que dicte el silencio

Te invito a redescubrir

Unos minutos para el silencio

Mitad de año

Una café para hablar en soledad. Y quién sabe si te asalta algún poema, que de eso está hecha la vida cuando se aprende a descubrir lo que guarda el fondo de la taza aunque esté llena...

VII

Que pasen factura a las locuras

Cansado estoy
de pagar cuentas
por las corduras...

Julio

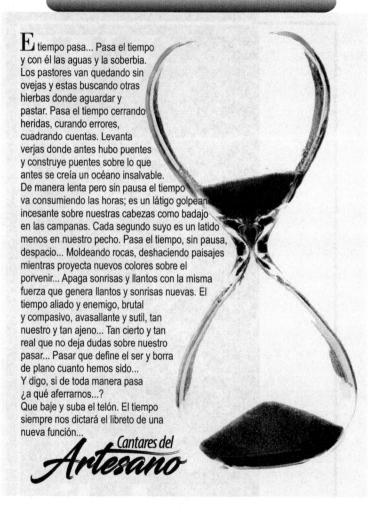

El tiempo pasa... Pasa el tiempo y con él las aguas y la soberbia. Los pastores van quedando sin ovejas y estas buscando otras hierbas donde aguardar y pastar. Pasa el tiempo cerrando heridas, curando errores, cuadrando cuentas. Levanta verjas donde antes hubo puentes y construye puentes sobre lo que antes se creía un océano insalvable. De manera lenta pero sin pausa el tiempo va consumiendo las horas; es un látigo golpeando incesante sobre nuestras cabezas como badajo en las campanas. Cada segundo suyo es un latido menos en nuestro pecho. Pasa el tiempo, sin pausa, despacio... Moldeando rocas, deshaciendo paisajes mientras proyecta nuevos colores sobre el porvenir... Apaga sonrisas y llantos con la misma fuerza que genera llantos y sonrisas nuevas. El tiempo aliado y enemigo, brutal y compasivo, avasallante y sutil, tan nuestro y tan ajeno... Tan cierto y tan real que no deja dudas sobre nuestro pasar... Pasar que define el ser y borra de plano cuanto hemos sido...
Y digo, si de toda manera pasa
¿a qué aferrarnos...?
Que baje y suba el telón. El tiempo siempre nos dictará el libreto de una nueva función...

Cantares del
Artesano

PRIORIDADES DEL MES

Al recorrer el bosque
y escuchar las historias,
caperucita comprendió
que el temor de la abuela
no era el lobo,
sino sentirse descubierta.

Los muros dicen

Que mejor vestido
que tu desnudez...

VII

Domingo 2
Día Internacional de las Cooperativas

Ateos del amor

Van por la vida negando una existencia probada,
como si no sintieran el sol o el viento en su cara.
Cuando expresan sus razones, le percibimos levitar
sobre cadáveres de rosas, de las cuales disfrutaron
su elixir sagrado, sin hacer conciencia de las espinas.
En su ardoroso entusiasmo agnóstico,
se siente el tufo del mendigo consciente de su carencia,
pero incapaz de levantar su mano por el peso del orgullo.
Se les mira, y no con pena, tampoco provoca seguirles.
Solo pedir por ellos e implorar a lo divino,
la descarga de un rayo con el poder suficiente
para hacerles volver a la vida,
donde también los sinsabores son parte del menú
y posibilitan establecer con claridad cuánto
se han de valorar y cuidar los amaneceres de gloria.
Se hace urgente hacerles ver a los **ateos del amor**
lo insípido de la vida sin ese irremediable arrebato de locura.

Julio

Lunes 3

Martes 4

La vida no es un cúmulo de años, es la manera cómo se consumen...

Miércoles 5

Jueves 6

Si intentas correrle a los años, más complejo se hace su laberinto... Debemos ser sus mejores aliados viviendo el tiempo que ellos decidan.

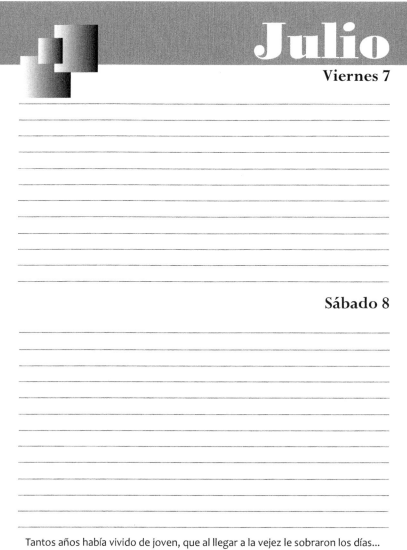

Julio

Viernes 7

Sábado 8

Tantos años había vivido de joven, que al llegar a la vejez le sobraron los días...

VII

Domingo 9

Tatuajes para el alma

QUIZÁS PORQUE APRENDÍ
A ESCUCHAR LA GUITARRA
A LA ORILLA DEL RIO,
ESAS CANCIONES
GUARDAN EL SECRETO
ENCANTO DE SU HUMEDAD...

Julio

Martes 11

Es fácil esquivar la lanza, mas no el puñal oculto.
Proverbio chino

VII

Miércoles 12
Día Mundial del Rock

Jueves 13

Cuando tu piel no alcance, besaré tu risa y hasta tu ausencia...

Sábado 15

El techo que una vez devolvió la desnudez de tu espalda, ahora es una caja vacía
donde se refleja mi soledad...

VII

Domingo 16

El sol cantaba el estribillo de una
canción mundana; yo lo escuchaba
mientras jugaba a volar con una nube
de visita en mis ojos... Quedó huérfano
la noche de tu asunción y vivió
conmigo la nostalgia de la ausencia de
tus besos... También a él le vino el
sabor a espuma amarga y su girar
constante se hizo más lento por el
peso del dolor... intentó culparme por
hacerle cómplice, una tarde de silencio
junto al mar de rojo de tu despedida,
pero ya no había remedio. Tu rostro se
hizo indeleble como una mancha más
en su piel de fuego...

BENJAMÍN GARCÍA

PIEL DE FUEGO

Julio

Lunes 17

Martes 18

Mis pecados son originales, no copias Del muro de Angylife

VII

Miércoles 19

Jueves 20

No es hacerte el amor... Es que el amor se haga en nosotros... Sólo eso busco...

Julio

Viernes 21

Sábado 22

Como viajero errante, busco una sombra bajo tu pecho donde saciar mi sed...

Domingo 23

Cosas de las redes

Benjamín García
@Benjagaca

La noche no cuenta para los sueños... Salvo que haya besos esperando ser despertados...

Julio

Lunes 24

Martes 25

La amistad es posible desde la sinceridad y la franqueza... Cuando existe el culto a la verdad...

Miércoles 26

_____
_____
_____
_____
_____
_____
_____
_____
_____
_____
_____

Jueves 27

_____
_____
_____
_____
_____
_____
_____
_____
_____
_____
_____
_____

Si es falso, no es amigo...

Julio

Viernes 28

Sábado 29

No eres el amor de mi alma, eres el alma de mi amor... Este amor que va conmigo
lleva el aroma de tu esencia. **BG**

Viene del aire,
dijo el viejo al verla llegar
orgullosa y hermosa.
Aun no descubre el valor
de tener raíces
que la sustenten...

Julio

Los muros dicen

Preso de tu olvido,
solo me queda
recordar...

Soy principio del Alma

Soy el principio del alma
Soy continuidad del hombre
Imposible darle un nombre
A mi historia. Soy la calma.
De lo eterno soy el alma
Y conformo lo infinito
A la vida estoy adscrito
Por un pacto. Soy su casa.
Si la muerte por mi pasa
Me transformo y siempre existo.

Mariano García

VIII

Dicen que todo el sonido
del mar está contenido en
un caracol. Aquella caja
un tanto retorcida guarda
la voz de la creación
durante los siglos…

Agosto

**Voy por una boca
cuyos besos
no sobrepasen el límite
de mi capacidad de pago...**

PRIORIDADES DEL MES

Vamos a romper las barreras del miedo.
A derribar los muros
que impiden mirar las promesas del horizonte.
Las cadenas que imposibilitan
caminar ligero hacia la consecución de tus sueños.
Vamos a volar
por encima de las montañas
para descubrir el mar abierto
con sus ofertas de libertad.
Vamos a desatar
la pasión de los montes
para abrir a través de ellos
caminos que den acceso
a tus más anheladas aspiraciones.
Vamos, sin pensar en consecuencias,
buscando ser feliz
con aquello que ha señalado el corazón.
Vamos, busca renacer
desde las posibilidades que ofrece
ser tú mismo...

La Pasión por la Vida

Agosto

Martes 1

Miércoles 2

Jueves 3

Recordar es hacerle pasar dos veces por el corazón...

Viernes 4

Sábado 5

Líbrate del acoso del tumulto de la nada...del griterío insensato del vacío... Del tener sin ser..

Tatuajes para el alma

SI QUIERES ALCANZAR
LA CATEGORÍA DE SENTIMIENTOS,
DEBES APRENDER
A PROCESAR
Y CANALIZAR
TUS EMOCIONES...

Lunes 7

Martes 8

Provocar la soledad es una arriesgada manera de mandar a dormir el sol antes de la llegada de la noche...

VIII

Miércoles 9

Jueves 10

Este tiempo, tan relativo y fugaz, construye sombras en cinco minutos y en otros dos las revienta de luz...

Viernes 11

Sábado 12

Se vuelve al punto de origen, a renacer, a soñar que es posible sin importar cuantas nubes plomizas se hayan posado en el horizonte..

VIII

Domingo 13

Deja que estas dos manos de viejo taciturno
arranquen las espinas de tus pies soñolientos.
Que me adentre en tu carne,
siguiendo el luminoso llamado de tu sangre,
semilla sideral donde estalla la vida,
el fogonazo azul que en tus ojos se esconde.
Deja que yo descame ese dolor antiguo
de enigma circular como la luz o el sueño,
que ponga mi saliva de coleóptero insomne
donde pondrá su llaga la cicatriz del tiempo.
Clávame a mí la espina que salga de tu carne,
que nadie notará cuantas hay en mi cuerpo.

CÉSAR SÁNCHEZ BERAS

BOCETO PARA DIBUJAR
UN CUADRO DE NIÑA CON ESPINA

Agosto

Lunes 14

Martes 15

El clavo que sobresale siempre recibe un martillazo.
Proverbio oriental

Miércoles 16

Jueves 17

El problema de la duda es cuando se hace certeza...

Agosto

¿A dónde van las ganas después de saciarlas? **Del muro de Angylife**

Domingo 20

_____

_____

_____

_____

_____

_____

_____

_____

_____

_____

Cosas de las redes

Benjamín García
@Benjagaca

Las reacciones son
proporcionales a nuestras culpas...
#Lapasiónporlavida

Agosto

Hay una fuerza que empuja a hacer grandes cosas, otra que insiste en aplastar los sueños. Debemos aprender a alimentar los hábitos de la primera.

VIII

Miércoles 23

Jueves 24

la esperanza es un guiño guardado justo para el momento en que creemos perderla...

Agosto

Viernes 25

Sábado 26

Hemos de estar pendiente del futuro sin vivir en él... Es lo que da sentido a las acciones del presente y ayuda a determinar el rumbo.

JF Angela

*Si usted
no puede cumplir con la piel,
no prometa con la mirada...*

Del muro de Angylife

Agosto

El cuidado ha de estar en depositar la confianza en una cuenta con garantía,
manejada por alguien a quien le importes.

VIII

Miércoles 30

Jueves 31
Día Internacional de la Solidaridad

El amor no habrá de ser una culpa si el pecado se forjó bajo el manto de tu mirada...

IX

Acaso el vuelo sea la única certeza irrebatible. Si no se vuela, la vida queda trunca.
Cuando quedas varado en la orilla no alcanzas a ver la grandeza humana…

Septiembre

Las letras de mi libro
se hacen pequeñitas
y forman un mar vacío
que no distingo
por la bruma de mis ojos

Omira Bellizzio
De Colegiala, 2012.
(Extracto del poema 20)

PRIORIDADES DEL MES

Anda que cada segundo cuenta en este ejercicio de hacer cantar a la vida...

Pasa, que pasa la vida volando sobre un tiempo que aun creyéndolo nuestro, se empeña en hacernos ver que no nos pertenece, porque cuando queremos atraparlo, sucede como con la arena en las manos al volver el agua.

Por eso, cuando se nos da la oportunidad del abrazo, o sea, del amor... cuando se nos convoca al beso desde el corazón, o la ternura llama arrebatada, no valen las excusas ni el postergar, porque cada minuto es una eternidad que nos regala la trascendencia. Con el pincel de las emociones, debemos dibujar las huellas con las que habremos de soñar cuando ya no queden sueños y las ganas empiecen a extinguirse.

Por eso, cuando me llaman a la cordura me resisto a la tentación, porque esta locura solo invita a tocar aquello que amo... y en eso soy intransigente.

Septiembre

Viernes 1

Sábado 2

Soy la montaña, tú el río; detenido recibo la caricia de tu andar... ya luego solo me queda el recuerdo... en tu vientre llevas algo de mí.

IX

Los muros dicen

Me fui de lluvia,
antes de que el sol
abandonara
la pradera...

Septiembre

Lunes 4
Día del trabajo en Norteamérica

Martes 5

Si acaso alguna vez volviera a pensarte... no dudaría en reconocerme en tu recuerdo...

Miércoles 6

Jueves 7

El silencio es una medida extrema para comunicarnos...
Del muro de Angylife

Septiembre

Viernes 8

Sábado 9

A veces el miedo o el fastidio no nos dejan... pero es bueno ir al pasado guardado en los cajones y decir adiós sin remordimiento...

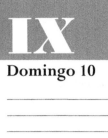

IX

Domingo 10

Hacer cantar la vida

*El amanecer da sentido a la noche
porque él trae la magia de la resurrección,
que es posible cuando despertamos a moldear,
cual artesano experto, nuestros sueños.
Como la primavera sucede al invierno,
el arcoíris a la tormenta,
así hay una sonrisa detrás de cada llanto.
Apuesta a aquello que la vida ofrece cada instante,
a la oportunidad del momento,
cuando la sonrisa te hace cómplice,
cuando te entregan la vida poco a poco y por amor,
cuando eres en sus ojos el reflejo de lo que amas.
Anda, que cada segundo cuenta en este ejercicio
de hacer **cantar la vida**.*

Septiembre

Con una mentira suele irse muy lejos pero sin esperanza de volver.
Proverbio judío

Miércoles 13

Jueves 14

Hay soledades que se ganan... sobre todo cuando se pretende más compañía de la posible...

Septiembre

Viernes 15
Día Internacional de la Democracia

Sábado 16

Hay amores "edición limitada". ¿Por qué lo desaprovechas?

IX

Domingo 17

ERES LO QUE PIENSO
DESDE MUCHO ANTES
DE SENTIRTE...

Septiembre

Lunes 18

Martes 19

Hoy quedo mudo... prefiero encerrar estas palabras para no mal gastar sentimientos...

IX

Miércoles 20

Jueves 21
Día Internacional de la Paz

Si el poema que te dedico es un decreto, los versos que escribes en mi nombre son especie de ley constitucional...

Septiembre

Sábado 23

Llorar... solo cuando valga la pena... si la pena es vaga... no tiene sentido...

IX

Domingo 24

Yo te deseo...
con unas ganas nuevas
que no ha sentido nadie
con las ansias inéditas de los resucitados
con el vértigo azul del que vive una fuga

Yo te deseo...
en el recodo de la angustia y el delirio
en la piel luminosa del desgarre
en la lengua plural de la vendimia

CÉSAR SÁNCHEZ BERAS

Yo te deseo...
con este miedo nuevo que no ha sentido nadie
con el ojo agrandado del que no ha visto nunca
con la sangre ancestral de los que son eternos.

Yo te deseo
con el mismo temblor de eternidad
conque copulan las bestias y los dioses.

YO TE DESEO

Septiembre

Martes 26

Una consigna saludable: "Obviar los placeres temporales por un bienestar más prolongado..."

IX

Miércoles 27

Jueves 28

"Una buena llamada es cuando suena tu celular y el que vibra eres tú".

Recogiendo de las redes

Septiembre

Viernes 29

Sábado 30

Hay quienes prefieren quedarse con las culpas antes que con las ganas...
Del muro de Angylife

La renovada
esperanza

Y dijo el Artesano: *"Las cosas seguirán siendo lo que fueron, la luna, el viento, el sol... el paisaje. El salvaje león y su pelaje, la lluvia eterna con su vertical presencia espaciada en el tiempo, la rosa y su color de bondad".*

"La magia del canto y la música, la indomable belleza del arte que trasciende, la inspiradora señal de un bolero pretendiendo ser poema o el poema en tu voz. El fluido intercambio de emociones entre corazones que se cruzan y dejan huellas".

"Lo nuevo, único nuevo, la renovada esperanza, solo habita en tu mirada y lo que ella es capaz de transmitir a todo aquello que arropa".

X

La vieron caer
lentamente del árbol,
deslumbrar con su danza
mientras descendía.
Hasta en la escena de su muerte
mantuvo la gracia...

Octubre

Mi amor jamás está de moda porque nunca prueba a las ofertas del mercado...

Mi amor no es de principiantes porque aprendió escrutando las horas de miles de latidos ajenos y propios...

Mi amor no busca la felicidad sino entregarse, aunque no tenga respuesta; por eso se hace en plenitud...

Mi amor no esconde nada, por eso no teme exponerse aunque el brillo le deslumbre...

Mi amor no procura recompensa, se satisface en la medida que se entrega y eso le basta...

Mi amor no busca eternizarse porque cada instante suyo es eterno...

Mi amor solo se goza en la belleza... esa que busca ser flama ardiente, lluvia viva... esa belleza que solo la proporciona la hondura de los sentimientos...

Mi amor no teme a la verdad ni sus consecuencias; de ella vive...

Mi amor es eso... solo eso y no más.

_____

_____

_____

_____

_____

_____

_____

_____

_____

_____

_____

_____

_____

_____

PRIORIDADES DEL MES

Ojalá

"Sean tus pasos el carboncillo travieso con qué llenar de colores el porvenir..."

"Que cada sonrisa tuya sea una descarga eléctrica que llene de energía a quien la recibe"

"Que la ruta se llene de sonidos y colores excitantes para que haya siempre una razón de vida entre los dedos."

"Que la lluvia venga desde dentro para barrer de un tirón la mala cama..."

"Que el sol nos venga de cualquier punto cardinal para poder tomarlo desde todos los ángulos sin miedo a la luz..."

"Que las gardenias vuelvan a dormir de día para que puedan nacer cada noche aunque se lo prohíban."

"Que los polos jamás se derritan y tu cintura siga reflejando el calor del trópico..."

"Que sea la sonrisa una marca perenne en el rostro de tu ventana abierta a la luz..."

Octubre

Domingo 1

Cosas de las redes

Benjamín García
@Benjagaca

"Quiero de ti lo que no conozco,
aunque me joda la vida..."

X

Lunes 2
Día Internacional de la Arquitectura

_____

_____

_____

_____

_____

_____

_____

_____

_____

Martes 3

_____

_____

_____

_____

_____

_____

_____

_____

_____

No es cicatriz, son puntos de salida. **@poeticsilence__**

Octubre

Jueves 5

La memoria reside dónde más has sentido. **@poeticsilence__**

Viernes 6

Sábado 7

*La distancia no se mide, se padece. **@poeticsilence__***

Octubre

Domingo 8

Del otoño
aprendí la estética
de caer
sin derrumbarse.

@poeticsilence__

X

Lunes 9
Día de Colón

Martes 10

Escucha lo que ellos dicen de otros, y sabrás lo que ellos dicen de ti.

Proverbio cubano

Octubre

Miércoles 11

Jueves 12

"¿Y esa sonrisa?" "Es que me encontré con un recuerdo".
Del muro de Angylife

X

Viernes 13

Sábado 14

Tal vez la lluvia esté sola y baja para que le hagamos compañía.
@poeticsilence__

Octubre

Los muros dicen

¿Qué sentido tiene un jardín en el que esté prohibido conversar con las flores?

X

Lunes 16

Martes 17
Día Internacional de la erradicación de la pobreza. ¿Un sueño posible?

El problema del amor es que te roban el corazón; te lo devuelven, pero ya no cabe.

@poeticsilence__

Octubre

Miércoles 18

Jueves 19

Te diera tiempo, pero no nos pertenece.

@poeticsilence__

X

Viernes 20

Sábado 21

Jugar a las escondidas debería tener un límite de edad.

@poeticsilence__

Octubre

Aligerar la carga

Hay cargas que a más grande,
más corto y ligero se hace el camino.
Prueba con la gratitud, el desinterés,
el entusiasmo por las cosas sencillas, incluso el olvido.
No pierdas de vista llevar en la alforja una alta dosis de fe,
otra tanta de optimismo y esperanza,
y nunca está de más un poco de visión realista.
Anda, incluye sobre todo una buena porción de humildad,
paciencia y tolerancia. En esto va también
como elemento esencial, el amor.
Nada de esto pesa, más bien poseen la extraña virtud
de hacer que te nazcan alas.
Podrás verte más allá del sol.
Solo tú lo decides.

X

Lunes 23

Martes 24

El corazón es un abismo latente.
@poeticsilence__

Octubre

Miércoles 25

Jueves 26

Siempre que echo a volar la imaginación, regresa conmigo.
@poeticsilence__

X

Viernes 27

Sábado 28

Qué linda sonrisa hacen tus manos.
@poeticsilence__

Octubre

Domingo 29

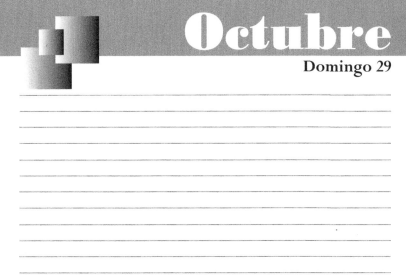

Tatuajes para el alma

LE ROBÉ UN BESO
Y ME CONDENÓ
A REPETIRLO...

X

Lunes 30

_____

_____

_____

_____

_____

_____

_____

_____

_____

_____

Martes 31
Día Mundial del Ahorro / Día Mundial de la Ciudades

_____

_____

_____

_____

_____

_____

_____

_____

_____

_____

_____

La seducción no está en la belleza física, está en tus gestos, en tus actitudes. Porque no depende de qué ojos tengas sino de cómo me mires con ellos. **Del muro de Angylife**

XI

Me gusta escuchar el viento
cuando le acompaña el
ritmo de los tambores.
Vienen juntas las alegrías
y las penas porque la vida
está hecha a cuentas de las
dos...

Noviembre

La canción, recién despierta, buscaba un atajo para llegar a la guitarra. Esa noche se iluminó el cantor y la dejó encendida para siempre.

BG

_____

_____

_____

_____

_____

_____

_____

_____

_____

_____

_____

_____

_____

_____

_____

PRIORIDADES DEL MES

ESTA MAÑANA

Esta mañana tiene las imágenes de Neruda, la sinfonía de Borges, pero la poesía de tu aliento sigue impresa en esta piel negada a olvidarte...
Esta mañana respira Lorca sobre su escenario, hasta Shakespeare asoma... pero es la presencia viva de tantas escenas tatuadas sobre las tablas por las cuales caminamos juntos.
Esta mañana invita a pintar a Monet o quizás rememorar la perfección renacentista, pero es la imagen de tu mirada reflejada en la ventana...
Esta mañana Invita a bailar a ritmo de Strauss, pero es el recuerdo de la música de tu sonrisa...
Esta mañana suena a Sting o McCartney, a Silvio y Serrat.. pero solo la canción que entonaste en mi oído con tus manos en mi pecho hace estremecer los rincones de esta alma.
Esta mañana invita a invitarte. A reformular los deberes desde el placer, a asumir responsabilidades al calor del gozo que promueve tu boca ausente.
Esta mañana, como todas, invita a construir una leyenda nueva desde el placer de ser otro cada vez, aunque no sea contigo...

Noviembre

Miércoles 1

Jueves 2

La página en blanco está llena, pero no se ve.
@poeticsilence__

XI

Viernes 3

Sábado 4

De tu sonrisa no sale cualquiera.
@poeticsilence__

Noviembre

Domingo 5

NOCHE

NORMA FELIZ

En mi boca tu lirio, tu nombre y tus amantes.
Todos mordiendo mi dialecto con falsos
Caonabos.
Bulle la corona, mi Alfonsina educada
entre sábanas heridas.
Y soy yo en tu perfume ..: tu oración sutil
en tu media boca acalorada.
Deshilando bostezos delirantes.
Sumisa sobre vocales nocturnas.
Y tu zafiro dialogando en mi garganta.

XI

Lunes 6

Martes 7

La soledad es jugar a las escondidas con uno mismo y encontrarse.
@poeticsilence__

Noviembre

Jueves 9

El error está en creer que el vacío se llena desde fuera.
@poeticsilence__

XI

Viernes 10

Sábado 11

¿Cómo se hace la palabra perdón?
@poeticsilence_

Cosas de las redes

 Benjamín García
@Benjagaca

Yo quiero un amor azul, balanceándose sobre las nubes de los misterios encerrados en mis sueños... invitándome siempre a habitar los suyos...

XI

Lunes 13

Martes 14

La persona que no comete una tontería, nunca hará nada interesante.
Proverbio inglés

Noviembre

Miércoles 15

Jueves 16
Día Internacional para la Tolerancia

Vivo con el temor de encontrarte y que ya no estés.

@poeticsilence__

XI

Viernes 17

Sábado 18

Si el abrazo no es con alas, no vueles.

@poeticsilence__

Noviembre

Domingo 19
Día Mundial de la Filosofía

Toma una copa de vino,
siéntate al claro de la luna
y vive el momento…
quizás mañana,
la luna te busque
y no estés…

Lunes 20
Día Universal del Niño

Martes 21
Día Mundial de la Televisión

Cuando una sonrisa se despierta, se arrodilla el sol y cantan los ángeles...

Noviembre

Miércoles 22
Día de acción de gracias

Jueves 23

El único bien que se multiplica al ser dividido, es la felicidad...

XI

Viernes 24

Sábado 25
Día Internacional de la no violencia contra la Mujer

Me asiste el derecho de marcharme de revés...

Los muros dicen

¿Para qué te conocí
si ahora
me desconoces?

XI

Lunes 27

_____
_____
_____
_____
_____
_____
_____
_____
_____
_____
_____

Martes 28

_____
_____
_____
_____
_____
_____
_____
_____
_____
_____
_____

La venganza conserva frescas tus heridas...
Parafraseando a Francis Bacon

Noviembre

Miércoles 29

Jueves 30

"Tengo -descartado- aquello de que si existo es porque pienso... en ti..."

#acertijo67

- En ningún lugar se está para siempre.
- ¿Y si allí siembro un árbol para anidar mis sueños?
- Un día le nacerán palomas y volarán a otros cielos.

La Pasión por la Vida

XII

Aquella luna es hoy

Por si las dudas...

Diciembre

*La belleza
es el latido
de un corazón
sensible...*

_____
_____
_____
_____
_____
_____
_____
_____
_____
_____
_____
_____
_____
_____

PRIORIDADES DEL MES

La fuerza de una lágrima

La lágrima empezaba a asomar. Un sentimiento de impotencia acumulado motivaba su presencia, la empujaba hacia aquel rostro entristecido. "No la detenga" le advirtió el Artesano. "Permite que limpie tu alma, y abone una nueva sonrisa".

"Hay tantas cosas que no comprendes", le respondió desde el alma herida. "No importan los motivos, una lágrima contenida duele más", dijo entonces el Artesano.

Y la dejó salir. Sus ojos se convirtieron en manantial. Lloró sin tregua. Las lágrimas brotaron como cascada y permitieron el reflejo del sol. Entonces estaba más clara la ruta a seguir para poder abandonar sin remordimiento aquel campo de dolor.

El llanto llenó de energía aquel espíritu varado en la rabia, el rencor y el miedo. Las lágrimas, como efecto milagroso, le devolvieron la confianza. Y salió tranquila a afrontar los retos. Decidida a vencer los sentimientos que la empequeñecían.

"Las lágrimas son un signo de auténtica fortaleza", refirió finalmente el artesano, "la más genuina expresión de humanidad. El camino más despejado hacia la libertad".

Cantares del Artesano

Foto: Carlos Sánchez
Actriz: Lina Beltré
de la obra "Las manos de Dios"

Diciembre

Viernes 1

Sábado 2

Una mirada, un segundo y la vida te cambia el tono de la canción, y si te
descuidas, hasta las letras...

XII

Domingo 3

Hoy...
Sal en procura de comprender mejor quién eres,
cuáles son tus fortalezas y cuáles tus debilidades.
Sal a procurar tu espacio,
el que te corresponde por justicia
como criatura divina.
Sin aspavientos, sin ruidos innecesarios,
sin abatir a nadie, ni quitar su plaza
y menos opacar su brillo.
Sal porque también tienes un turno bajo el sol,
oportunidad magnífica
para demostrar tu potencial.
No compitas, porque se corre el riesgo
de que el juego de la vida pierda su magia.

Diciembre

Lunes 4

Martes 5

El vampiro era tan pésimo en su oficio que murió en medio de una transfusión...

XII

Miércoles 6

_____
_____
_____
_____
_____
_____
_____
_____
_____
_____
_____

Jueves 7

_____
_____
_____
_____
_____
_____
_____
_____
_____
_____
_____

Todavía rendida en la cama, la amante no alcanzaba a comprender el vacío. El amante debía ir a llenar su ánfora verdadera...

Diciembre

Viernes 8

Sábado 9
Día Internacional contra la Corrupción

Tan bella era la presentadora de televisión, que su imagen se volvía en su contra...

XII

Domingo 10
Día de los Derechos Humanos

Tatuajes para el alma

¿QUÉ HACES EN MIS SUEÑOS
SI NO QUIERES AMANECER EN MI LECHO...?

Diciembre

Lunes 11
Día Internacional de las Montañas

Martes 12

Las grandes obras las sueñan genios locos, las ejecutan luchadores natos, las disfrutan los felices cuerdos, las critican los inútiles crónicos... **Proverbio ruso**

Miércoles 13

Jueves 14

No es que hayas amado a la persona equivocada... Es que a veces el amor "no te toca"

Diciembre

Viernes 15

Sábado 16

"Si te quiere te buscará"... Y los dos pensaron lo mismo.
Del muro de Arturo Alonzo

XII

Domingo 17

VOZ DE VIENTO

BENJAMÍN GARCÍA

El viento traía tu voz coronando las olas.
Revelé cómo florecían tus ojos infinitos en
las rocas. Cascabeleo de corales adornaban
tu cintura mientras me vencía en tu cuerpo.
Debajo nos vestíamos de arena y agua. No
importaba como se agotaban las horas
cayendo en nuestros cuerpos ni los rastros
del gozo. Nunca supe si estuvimos vivos
toda la noche o si el cielo amaneció tendido
junto a nosotros.

Diciembre

Lunes 18
Día Internacional del Migrante

Martes 19

Que te quieran por lo que eres, no por lo que quieren que seas...

XII

Miércoles 20
Día Internacional de la Solidaridad Humana

Jueves 21

Anduve recogiendo harapos bajo la sombra de tu olvido y me nació la noche repleta de
lunas... La hojarasca me tomó de la mano y me invitó a abandonar tu nombre...

Diciembre

Viernes 22

Sábado 23

Soñar sin recelo, reír sin medir los decibeles, jugar apostando la fe, dejar que vibre el interior, olvidados de prejuicios, soltar cadenas y defender el derecho a ser feliz, y sobre todo AMAR EN LIBERTAD.

XII

Domingo 24
La Noche Buena

Cosas de las redes

Benjamín García
@Benjagaca

Guardo en el silencio de mi poesía,
la esperanza de que mi voz tenga eco
en la eternidad

Diciembre

Lunes 25
Navidad

Martes 26

Si es hoy... a qué esperar el próximo minuto... puede que sea demasiado tarde y ya el brillo de la luna esté iluminando otro sendero... te espero en la alberca, el agua aún está clara y el silencio invita...

XII

Miércoles 27

Jueves 28

El mundo se le hizo tan pequeño que murió por asfixia en el ego...

Diciembre

Viernes 29

Sábado 30

Lo más difícil al momento de cerrar los cajones que abriste, es decidir qué aliento se queda y de cuál debemos deshacernos...

Será lo que has decidido

Hacer cantar a la vida

El amanecer da sentido a la noche porque él trae la magia de la resurrección, que es posible cuando despertamos a moldear, cual artesano experto, nuestros sueños.

Como la primavera sucede al invierno, el arcoíris a la tormenta... así hay una sonrisa detrás de cada llanto.

Apuesta a aquello que la vida ofrece cada instante, a la oportunidad del momento, cuando la sonrisa te hace cómplice, cuando te entregan la vida poco a poco y por amor, cuando eres en sus ojos el reflejo de lo que amas.

Abriendo las puertas
a una nueva esperanza

Foto: Fausto Ortíz

NOTAS (Las cosas que vienen)

_____

_____

_____

_____

_____

_____

_____

_____

_____

_____

_____

_____

_____

_____

_____

_____

_____

_____

NOTAS (Las cosas que vienen)

NOTAS (Las cosas que vienen)

NOTAS (Las cosas que vienen)

Así abrimos la agenda del 96

Para los que piensan
que el horizonte no acaba
y que la vida inicia
en cada instante

Para Trillar Caminos '96

Made in the USA
Middletown, DE
02 February 2021

32977041R00166